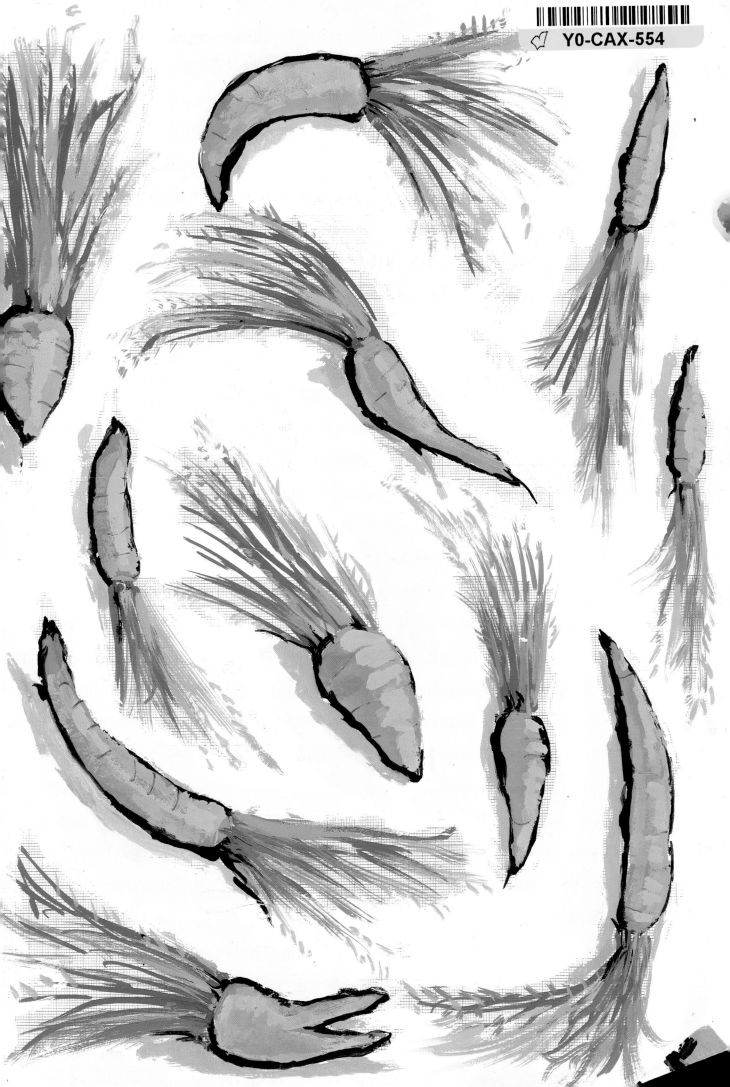

3 1759 00137 7120

Published by
Mantra Publishing Ltd
5 Alexandra Grove
London N12 8NU

Floppy

Guido Van Genechten

Portuguese translation by Emilia Fonseca

Mantra

Coelhos vêm nas mais variadas formas e tamanhos. Eles podem ser altos, baixos, gordos ou magros, mas todos eles têm duas orelhas compridas. O Floppy também tinha duas orelhas compridas mas uma estava direita e a outra caída.

Rabbits come in all shapes and sizes. They can be tall or short, fat or thin and they all have two long ears. Floppy had long ears too but one was straight and one was floppy.

Os outros coelhos chamavam - lhe nomes por causa dele ter uma orelha caída.

The other rabbits called him names because he had a floppy ear.

Tudo o que o Floppy queria era ser igual aos seus amigos. Por isso ele tentou pendurar - se de cabeça para baixo para manter as orelhas direitas mas ele não podia ir para a escola assim.

All Floppy wanted was to be the same as his friends. So he tried hanging upside down to make his ears straight - but he couldn't go to school like that.

Ele tentou esconder as orelhas debaixo de um saco térmico para o chá, mas os outros coelhos riram - se dele.

He tried hiding them under a tea cosy but the other rabbits laughed.

Ele tentou pôr uma cenoura na orelha, mas os outros coelhos riram ainda mais.

He tried sticking a carrot to his ear but the other rabbits laughed even more.

O Floppy amarrou um pau á orelha ...

Floppy tried a stick and string...

Ele tentou pôr uma ligadura ...

He tried a bandage ...

And even tried a fishing rod and peg.

Ele até tentou pôr uma cana de pesca e uma mola.

Quando o Floppy amarrou um balão à orelha os outros coelhos rebolaram-se a rir.

When Floppy tied a balloon to his ear the other rabbits just fell about with laughter.

Pobre Floppy, o que é que ele podia fazer? Talvez ele devesse falar com o médico, pois ele é suposto de nos pôr bons.

Poor Floppy, what could he do? Perhaps he could ask the doctor who makes things better.

The doctor said that ears come in all shapes and sizes. Some ears are straight and some are floppy.

O Doutor disse-lhe que as orelhas vêm de todos os tamanhos e formas. Umas orelhas são direitas e outras são caídas.

A caminho de casa o Floppy pensou no que o doutor lhe disse. Há muitos tipos de orelhas e a dele era caída. E isso era tudo.

On his way home Floppy thought about what the doctor had said.
There are all kinds of ears
and *his* ear was floppy.
That was all.

Os outros coelhos estavam aborrecidos sem o Floppy.
Ele sempre os fazia rir. De repente eles viram- no...

The other rabbits were bored without Floppy.
He always made them laugh.
Suddenly they saw him ...

"Por favour mostra-nos outro truque para nos fazeres rir," eles pediram.

"Please show us a new trick and make us laugh," they asked.

"Portanto, o que vocês têm que fazer é o seguinte:" - disse o Floppy e começou-se a rir à medida que os seus amigos tentavam fazer o mesmo que ele.

"Well, what you do is this," said Floppy and he laughed as his friends tried to be just like him.

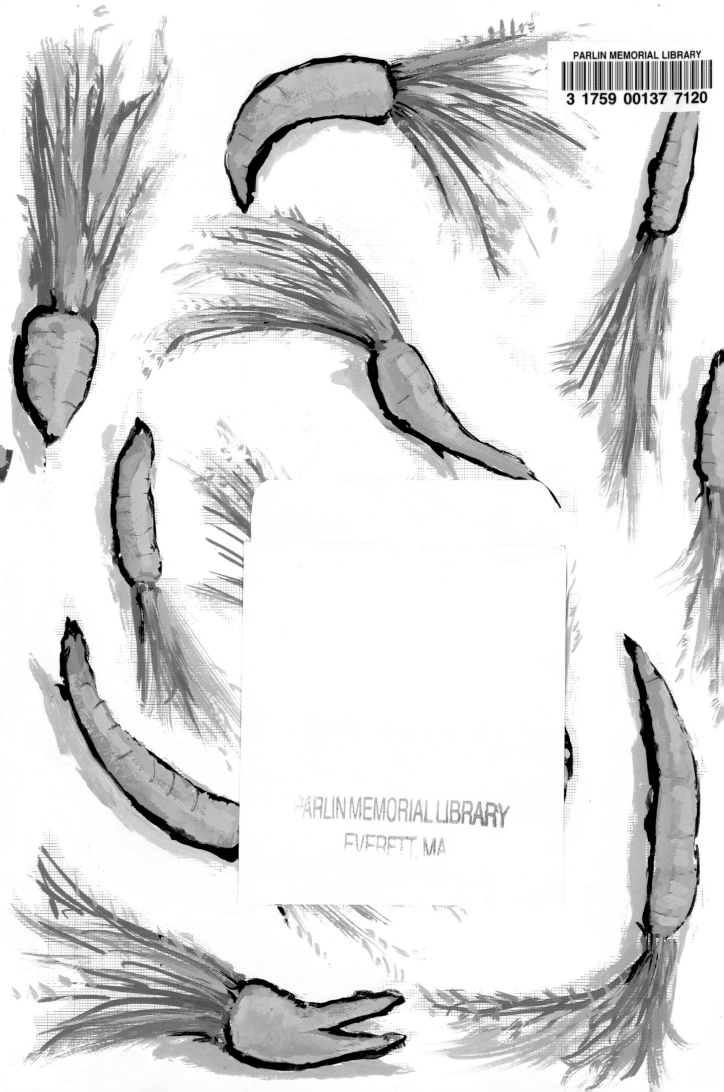